Pamela Wittenberg

Grundlagen der objektorientierten Programmierung

GRIN Verlag

Bibliografische Information der Deutschen Nationalbibliothek:

Die Deutsche Bibliothek verzeichnet diese Publikation in der Deutschen National-bibliografie; detaillierte bibliografische Daten sind im Internet über http://dnb.d-nb.de/ abrufbar.

Impressum:

Copyright © 2005 GRIN Verlag GmbH
Druck und Bindung: Books on Demand GmbH, Norderstedt Germany
ISBN: 978-3-656-57593-1

Dieses Buch bei GRIN:

http://www.grin.com/de/e-book/48562/grundlagen-der-objektorientierten-program-mierung

GRIN - Your knowledge has value

Der GRIN Verlag publiziert seit 1998 wissenschaftliche Arbeiten von Studenten, Hochschullehrern und anderen Akademikern als eBook und gedrucktes Buch. Die Verlagswebsite www.grin.com ist die ideale Plattform zur Veröffentlichung von Hausarbeiten, Abschlussarbeiten, wissenschaftlichen Aufsätzen, Dissertationen und Fachbüchern.

Besuchen Sie uns im Internet:

http://www.grin.com/

http://www.facebook.com/grincom

http://www.twitter.com/grin_com

Pamela Wittenberg

Grundlagen

Objektorientierte Programmierung

Seminar Case Study: Bewertung eines SW-Projektes (SWE 03)

AKAD Fachhochschule Pinneberg, 07. Dezember 2005

INHALTSVERZEICHNIS

LITERATURVERZEICHNIS / QUELLENNACHWEIS

Balzert, H	Methoden der objektorientierten Systemanalyse, 2. Aufl., 1996
Balzert, H	Objektorientierung in 7 Tagen. Vom UML-Modell zur fertigen Web-Anwendung, Heidelberg 2000
Böhn, Martin, Dipl.-Kfm. / Hagn, Alexander, Dipl.-Kfm.	„Objektorientierung bei der Softwareentwicklung", Würzburg, das wirtschaftsstudium, 33. Jahrgang, Heft 4, April 2004
Borrmann, Alf	Vortrag zur europäischen Visual FoxPro Entwickler-konferenz 1997
Coad, Peter / Yourdon, Edward	Objektorientierte Analyse, Prentice Hall, New York August 1994
Netlexikon	Konzept der Objektorientierten Programmierung
Oestereich, B	Objektorientierte Softwareentwicklung mit UML, Oldenbourg, 6., überarb. Aufl. 2004
Spolwig, Siegfried	Ausarbeitung „Objektorientierte Programmierung" OSZ Handel I Informatik, 30.05.2005

I   Einführung

Im Rahmen der heutigen Softwareentwicklung spielt die Objektorientierung eine sehr wichtige Rolle. Die sich immer stärker durchsetzende Funktionalität der objektorientierten Programmierung basiert in erster Linie auf der Datenabstraktion und der Kommunikation der einzelnen Objekte.

Historisch betrachtet, werden objektorientierte Sprachen der sechsten Generation zugeordnet[1]. Im Gegensatz zu den herkömmlichen Sprachen, besteht das Gerüst des Systems nicht aus der Zerlegung in Prozeduren und Funktionen, sondern aus Objekten und Objekttypen, die Eigenschaften und eigene Operationen besitzen. Durch die Interaktion der beteiligten Objekte wird die Gesamtaufgabe schließlich gelöst. Dank diese Gestaltung wird die Beschreibung realer Abläufe ermöglicht.

Die vorliegende Arbeit verfolgt das Ziel, die Grundlagen der objektorientierten Programmierung darzustellen und einer kritischen Würdigung zu unterziehen.

Zu diesem Zweck wird zunächst auf die wesentlichen Begrifflichkeiten der objektorientierten Programmierung eingegangen, um eine Verstehensgrundlage zu schaffen. Daran anschließend wird der Zusammenhang von objektorientierter Analyse, objektorientierten Design und objektorientierter Programmierung, im folgenden OOP genannt, erläutert.

Abschließend werden die Vor- und Nachteile des Programmierkonzeptes aufgezeigt.

---

[1] Vgl. Dipl.-Kfm. Martin Böhn / Dipl.-Kfm. Alexander Hagn, Würzburg: „Objektorientierung bei der Softwareentwicklung", das wirtschaftsstudium, 33. Jahrgang, Heft 4, April 2004

II   Begrifflichkeiten der Objektorientierten Programmierung

1 Objekte

Wie aus dem Namen des betrachteten Programmierkonzeptes hervorgeht, basiert das gesamte Konstrukt auf Objekten. Diese sind Abstraktionen der realen Welt. Demzufolge verfügen Objekte über Eigenschaften und Verhaltensweisen. Eigenschaften (Attribute) werden durch Variablen festgehalten, das Verhalten wird durch Methoden beschrieben.[2]

Als Attribute des Objektes „Auto" wären, wie in Abbildung 1 dargestellt, beispielsweise die Farbe Rot, der Kilometerstand 23.145 oder die aktuelle Geschwindigkeit von 0 Std / km zu nennen, wogegen als Methode z.B. die Prozedur „Motor starten" gilt.

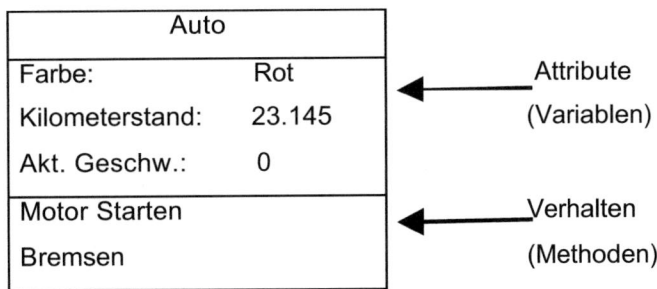

Abbildung 1: Aufbau eines Objektes

2 Klassen

Objekte ähnlicher Attribute und Methoden können in Klassen zusammengefasst werden. Dies dient in erster Linie der besseren Verwaltung gleichartiger Objekte.

Die Klasse „Personenkraftwagen" legt beispielsweise fest, dass der Pkw eine Farbe, einen Motor, Reifen, Türen und Sitze hat. Das zugeordnete Objekt „Pkwvariante 1" hingegen, differenziert diese Attribute stärker in z.B. Motor mit 150 kW und fünf Ledersitze, das zugeordnete Objekt „Pkwvariante 2" hat z.B. einen Motor mit nur 55

---

[2] Vgl. Ausarbeitung von Siegfried Spolwig: „Objektorientierte Programmierung" OSZ Handel I Informatik vom 30.05.2005

kW und fünf Stoffsitzen. Beide Objekte unterscheiden sich voneinander, gehören jedoch der selben Klasse an.

Zudem werden Objekte aus der jeweiligen Klasse heraus erzeugt. Sie dient somit als Konstruktionsvorlage.

Klassen, die keine Attribute oder Methoden besitzen, werden als abstrakte Klasse bezeichnet. Aus diesen Klassen können keine Objekte generiert werden. Erst nach Implementierung von Methoden und Attributen in der abgeleiteten Klassen können weitere Objekte von dieser Klasse generiert werden[3].

Darüber hinaus werden durch die Klasse die Algorithmen definiert, anhand derer die Objekte verschiedener Klassen miteinander interagieren. Zwischen verschiedenen Klassen, bzw. ihren Objekten können somit verschiedene Beziehungen hergestellt werden, um realitätsnahe Verhältnisse abzubilden.

3 Vererbung

Wie Kinder Eltern haben, von denen bestimmte Eigenschaften, wie Haarfarbe, Hautfarbe und oft Verhaltensweisen vererbt werden, findet dies auch bei der OOP Anwendung.

Im Sinne der OOP werden in diesem Zusammenhang Attribute und Methoden von der „vererbenden" Klasse, auch als Oberklasse, Basisklasse oder Superklasse bezeichnet, an die „erbende" Klasse, auch Unterklasse oder Subklasse genannt, vererbt. Durch diese Systematik müssen die entsprechenden Attribute und Methoden innerhalb der untergeordneten Klasse nicht neu definiert werden, da sie durch die Vererbung automatisch weitergegeben werden. Eine neue „Pkwvariante 3" würde beispielsweise das Attribut der Farbe und die Methode „Motor starten" automatisch erben.

Zudem können abgeleitete Klassen weitere eigene Attribute und Methoden besitzen, welche die Basisklasse „Personenkraftwagen" nicht kennt, wie z.B. „Leistung Drehmoment" oder „starte Klimaanlage" (siehe Abbildung 2). Geerbte

---

[3] Vgl. Balzert, H., Heidelberg: Lehrbuch der Software-Technik. Software-Entwicklung, 2.Aufl., 2000

Eigenschaften und Verhaltensweisen können übernommen, verändert oder erweitert werden.

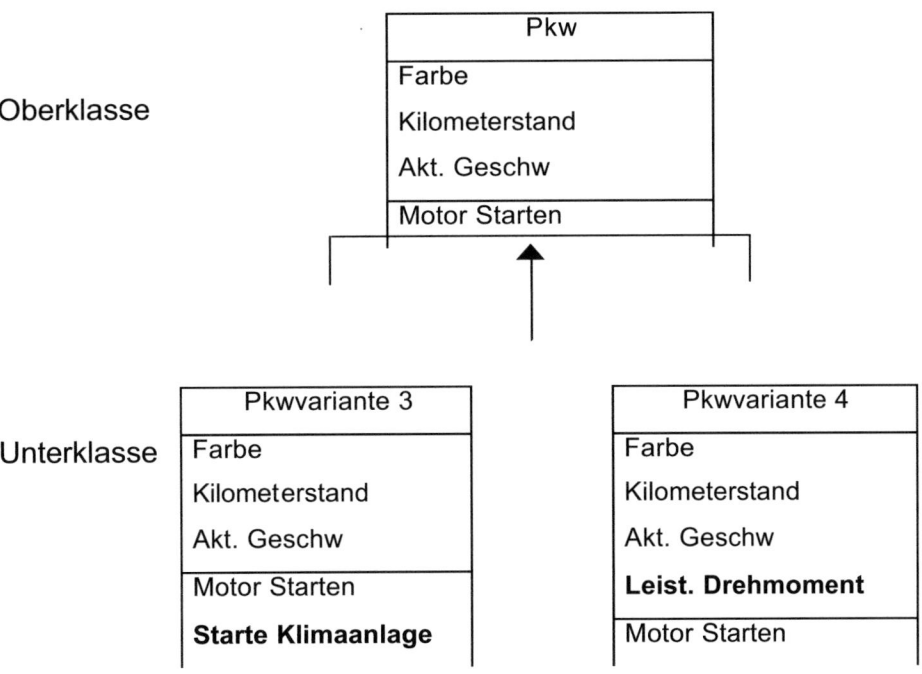

Abbildung 2: Vererbung

Auch neue Klassen können so auf Grundlage bereits vorhandener Klassen definiert werden, z.B. Klasse „Mofa". Verschiedene Klassen können zu übergeordneten Klassen zusammengefasst werden (Generalisierung). Detaillierte Unterklassen können aus einer bestehenden Klasse abgeleitet werden (Spezialisierung). Es entsteht eine hierarchische Struktur.[4]

Hat eine Klasse mehrer unmittelbare Basisklassen, so spricht man von Mehrfachvererbung. Dies wäre beispielsweise denkbar bei einem Amphibienfahrzeug, das sowohl die Attribute eines Landfahrzeuges als auch die eines Wasserfahrzeuges aus den jeweiligen Basisklassen geerbt hat.[5]

---

[4] Vgl. Dipl.-Kfm. Martin Böhn / Dipl.-Kfm. Alexander Hagn, Würzburg: „Objektorientierung bei der Softwareentwicklung", das wirtschaftsstudium, 33. Jahrgang, Heft 4, April 2004
[5] Vgl. Netlexikon: Konzept der Objektorientierten Programmierung, Mehrfachvererbung

4 Polymorphie

Die durch die Basisklasse vererbten Methoden können durch die Subklassen überschrieben werden, indem sie eine eigene, gleichnamige, Methode definieren. Wird die entsprechende Methoden nun aufgerufen, wird diese anstelle der ursprünglich vererbten Methode ausgeführt.

Ein Flugzeug mit aktueller Geschwindigkeit von 300 km/Std würde die Methode „Geschwindigkeit ändern" beispielsweise anders ausführen als die „Pkwvariante 22" mit aktueller Geschwindigkeit von 20 km/Std, obwohl beide ursprünglich die selbe Methode von der Oberklasse „Fahrzeug" geerbt haben. Diese Methode wurde jedoch jeweils überschrieben. Somit reagieren Objekte auf die gleiche Nachricht auf unterschiedliche Weise. Es wird ihnen lediglich mitgeteilt was sie zu tun haben, wissen jedoch selbst, wie dies auszuführen ist.

5 Kapselung

Unter Kapselung wird der kontrollierte Zugriff auf Objekte verstanden. Die Attributwerte eines Objektes sind natürlich veränderbar, da sie den jeweiligen Zustand des Objektes darstellen, z.B. Kilometerstand 23.145.

Um eine Erhöhung der Softwaresicherheit zu gewährleisten, können diese Attribute jedoch nur verändert werden, wenn geeignete Methoden implementiert wurden. Der Zugriff auf diese Daten und deren Veränderung ist in der Objektorientierung somit nur möglich, wenn dies die entsprechende Operation zulässt.

Um jeden verbotenen Zugriff zu verhindern sind die Attribute dem Verwender nicht bekannt (Geheimnisprinzip).[6] Der Zugriff ist nur durch Nachrichtenaustausch zwischen den beteiligten Objekten und durch Aufruf einer entsprechenden Methode möglich.

Soll beispielsweise eine Liste der Kilometerstände aller Autovarianten erstellt werden, bestünde keine Möglichkeit diese Daten direkt auszulesen. Zur

---

[6] Vgl. Ausarbeitung von Siegfried Spolwig: „Objektorientierte Programmierung" OSZ Handel I Informatik vom 30.05.2005

Übermittlung des gewünschten Attributes stünde die Methode „lese Kilometerstand"
zur Verfügung. Somit wird die ungewollte Manipulation der Daten verhindert.

III   Zusammenhang OOA – OOD - OOP

Die objektorientierte Systementwicklung erfolgt grundsätzlich in drei Phasen. Die
erste Phase beinhaltet die objektorientierte Analyse (OOA), die zweite Phase das
objektorientierte Design (OOD) und die dritte Phase die objektorientierte
Programmierung (OOP). Folgende Abbildung (Abbildung 3) verdeutlicht diesen
Zusammenhang.

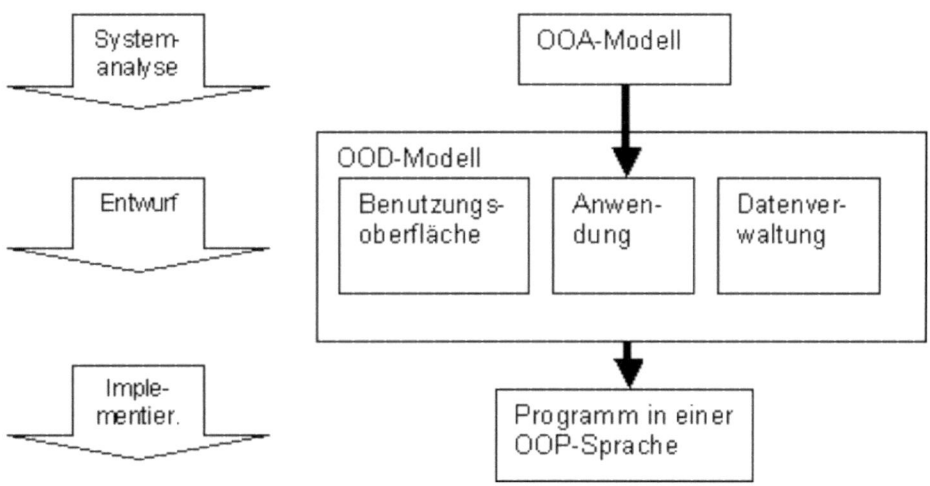

Abbildung 3: Phasen der objektorientierten Programmierung[7]

Während der OOA erfolgt die Systemanalyse. Die Anforderungen an das System
werden ermittelt und die reale Problemstellung in Modellen abgebildet. Nach der
Definition der Klassen und Objekte, sowie der Bestimmung der Attribute und
Methoden, werden hier auch die Beziehungen untereinander festgelegt. Das
Ergebnis der OOA ist das Fachkonzept.

Innerhalb des OOD wird ein Entwurf auf Grundlage des abstrakten Fachkonzeptes
erstellt. Im Rahmen der Anwendung erfolgt eine Anpassung an die technischen
Rahmenbedingungen, z.B. eine Anpassung und Optimierung auf die
Programmiersprache. Zudem wird die Benutzeroberfläche entwickelt und die

---

[7] Vgl. Balzert, H.: Methoden der objektorientierten Systemanalyse, 2. Aufl., 1996

Datenhaltung, die letztenendes für die Datenspeicherung, z.B. in einer Datenbank, sorgt, modelliert.

Erst in der letzten Phase, der OOP erfolgt die Implementierung des Entwurfes durch die Umsetzung in einer entsprechenden Programmiersprache.

IV   Kritik

Nachdem im Rahmen dieser Ausarbeitung die Grundlagen der objektorientierten Programmierung erläutert wurden, wird nun noch einmal auf dessen Vorteile und Nachteile näher eingegangen.

1 Vorteile

In erster Linie ist anzumerken, dass durch die Klassenbildung, Vererbung und Abstraktion und die damit einhergehende Zerlegung komplexer Aufgaben in Teilprobleme die Entwicklung erleichtert wird. Durch diesen Aufbau wird eine Wiederverwendbarkeit der Programmierung im Vergleich zur prozeduralen Programmierung ermöglicht. Nicht die gesamte Programmierung muss überarbeitet werden, sondern nur der jeweilige Teilbereich, was zur besseren Wartung und Pflege der Software führt.

Notwendige Änderungen von Code-Fragmenten haben nicht zwangsläufig Auswirkungen auf das gesamte System. Auch zukünftige Programme können sich an den bereits bestehenden Konzepten orientieren und müssen unter Umständen nicht komplett neu „erfunden" werden. Dies spart bei der Wiederverwendung natürlich Zeit und Geld und bringt somit einen hohen Nutzen.

Zudem wird durch die Wiederverwendung der sich bereits bewährten Software-Bausteine die Qualität des gesamten Systems stetig verbessert und die Fehleranfälligkeit reduziert. Langfristig gesehen wird somit ein zuverlässiges und robustes Anwendungssystem geschaffen.

2 Nachteile

Nach der Veranschaulichung der Vorteile der OOP ist es leicht, sich zu begeistern, jedoch birgt dieses Konzept auch einige Risiken.

Zunächst wäre hier der Einsatz von OOP aus den falschen Gründen zu nennen. Allzu oft wird davon ausgegangen, dass durch OOP alles einfacher, die Komplexität beherrschbar, die Softwareerstellung schneller und billiger wird und nicht so viel getestet werden muss. Auch hält sich das Gerücht, dass die Kosten für Forschung und Entwicklung entfallen würden. Dies ist jedoch ein Irrglaube.

Gerade bei einem Paradigmawechsel, dem Wechsel von der prozeduralen zur objektorientierten Programmierung, entstehen hohe Kosten. Der erstmalige Einsatz der OOP stellt eine erhebliche Investition dar. Allein die anhand von Büchern erlangte Kenntnis über OOP reich bei weitem nicht aus, eine OOP zu praktizieren.

Um bei der OOP erfolgreich zu sein, entstehen erhebliche Kosten durch die Ausbildung der Mitarbeiter, die benötigte Zeit und die jeweiligen Tools. Um die Vorteile langfristig nutzen zu können sind die vorhandenen Erfahrungen mit der OOP entscheidend.

Da gerade in der Anfangsphase hohe Investitionen in das Know-how, die Ausbildung und das Sammeln von Erfahrungen notwendig sind, sind die Kosten eines OOP-Projektes bei Misslingen meist wesentlich höher, als bei Projekten herkömmlicher Programmierung. Somit liegt auch ein weitere Risiko im Problem der richtigen Ressourceneinschätzung.

Durch die Einführung von OOP und die Abschaffung des alten prozeduralen Modells, können zudem ungewünschte psychologische Reaktionen bei den betroffenen Mitarbeitern hervorgerufen werden.

Beispielsweise stößt das neue Modell oft auf emotionale Ablehnung, da trotz Widersprüchen noch an alten Überzeugungen festgehalten wird. Auch Unreflektierte Euphorie wurde als mögliche Reaktion erforscht. Defizite des alten Modells wurden erkannt, das neue jedoch nicht hinreichend hiterfragt, so dass dieses somit nicht verstanden wird.[8]

Schließlich stellt sich noch die Frage, ob OOP überhaupt für jedes Programm Anwendung finden sollte. Es ist eine Sache der Abwägung, ob der Aufwand der OOP überhaupt in Relation zum Nutzen steht, oder ob die zu entwickelnde Software nicht günstiger durch prozedurale Programmierung entwickelt werden könnte.

Aus den vorgenannten Gründen sollten daher vor der Einführung einer OOP unbedingt Wirtschaftlichkeitsberechnungen oder Nutzwertanalysen durchgeführt werden.

V   Schlussbetrachtung

Die vorliegende Arbeit hatte zum Ziel, die Grundlagen der Objektorientierten Programmierung näher darzustellen und einer kritischen Würdigung zu unterziehen.
Zunächst wurde der Grundgedanke der OOP erläutert und auf einzelne, für die OOP entscheidenden, Begrifflichkeiten näher eingegangen.
Im dritten Kapitel wurde die einzelnen Phasen der objektorientierten Programmierung abgegrenzt.
Abschließend wurde anhand der Darstellung der Vor- und Nachteile Kritik am Konzept geübt und auf die Notwendigkeit der vorherigen Beurteilung des Nutzens hingewiesen.

---

[8]Alf Borrmann: Vortrag zur europäischen Visual FoxPro Entwicklerkonferenz 1997